아름다운 우리말 경전 1

금 강 경

우룡큰스님·김현준 편역

KB232492

✿효림

차 례

．．．．．．．

금강반야바라밀경

·

7

금강경 기도 발원문

개경게 開經偈

가장높고 심히깊은 부처님법문
백천만겁 지나간들 어찌만나리
저희이제 보고듣고 받아지녀서
부처님의 진실한뜻 깨치오리다

無上甚深微妙法	무상심심미묘법
百千萬劫難遭遇	백천만겁난조우
我今聞見得受持	아금문견득수지
願解如來眞實意	원해여래진실의

개법장진언 開法藏眞言
옴 아라남 아라다(3번)

나무금강반야바라밀경(3번)

금강반야바라밀경

金剛般若波羅蜜經

법회인유분法會因由分　제일

이와 같이 나는 들었다.

어느 때 부처님께서는 사위국^{舍衛國}의 기수급고독원^{祇樹給孤獨園}에서 천이백오십 인의 큰비구 제자들과 함께 계시었다.

이날도 세존께서는 공양시간이 되자 가사를 입으신 뒤 바루를 들고 사위성으로 나아가, 한 집 한 집 차례대로 밥을 빌어 마치시고 본처^{本處}로

돌아와 공양을 하시었다. 그리고 가
사와 바루를 제자리에 정돈해 놓으
시고 발을 씻은 다음 자리를 펴고
앉으셨다.

선현기청분善現起請分　제이

그때 장로 수보리가 대중과 함께
있다가 자리에서 일어나, 오른쪽 어
깨를 드러내고 오른쪽 무릎을 꿇고
합장하여 부처님께 아뢰었다.

"희유하옵니다, 세존이시여. 여래
께서는 언제나 보살들을 잘 보살펴
주시고 보살들에게 잘 당부를 하십

니다.

　세존이시여, 선남자선여인들이 아뇩다라삼먁삼보리심[阿耨多羅三藐三菩提心]을 발한 다음, 마땅히 어떻게 그 마음을 유지하여야 하며, 어떻게 그 마음을 항복받아야 하나이까[應云何住 云何降伏其心]?”

　부처님께서 이르셨다.

　“착하고 착하구나, 수보리야. 네 말과 같이 여래는 보살들을 잘 보살펴주고, 보살들에게 잘 당부를 하느니라. 너희는 이제 자세히 들으라. 마땅히 너희를 위해 설해 주리라.

선남자선여인이 아뇩다라삼먁삼
보리심을 낸 다음에는 마땅히 이와
같이 그 마음을 유지하고, 이와 같
이 그 마음을 항복받아야 하느니라
〔應如是住 如是降伏其心〕."

"예, 세존이시여. 원컨대 기쁜 마
음으로 듣고자 하옵니다."

대승정종분大乘正宗分 제삼

부처님께서 수보리에게 이르셨다.

"모든 보살마하살들은 마땅히 이
와 같이 그 마음을 항복받아야 하
나니, 이른바 온갖 중생들, 곧 난생·

태생(胎生)·습생(濕生)·화생(化生)의 중생과, 형태가 있는 중생〔若有色〕·형태가 없는 중생〔若無色〕·생각이 있는 중생〔若有想〕·생각이 없는 중생〔若無想〕·생각이 있는 것도 아니요 생각이 없는 것도 아닌 중생〔若非有想非無想〕, 모두를 나는 무여열반(無餘涅槃)(완전한 열반)에 들게 하여 제도〔滅度〕하느니라.

이와 같이 한량없고 수도 없고 끝이 없는 중생을 제도하지만, 실로 제도를 받은 중생은 없느니라. 왜냐하면 수보리야, 만약 보살에게 아상(我相)·

인상·중생상·수자상이 있으면 곧 보살이 아니기 때문이니라."

묘행무주분妙行無住分 제사

"또 수보리야, 보살은 마땅히 그 어디에도 머무는 바 없이 보시布施를 해야 하나니, 색에 머물지 않고 보시를 해야 하며, 소리나 냄새나 맛이나 감촉이나 법에 머물지 않고 보시를 해야 하느니라.

수보리야, 보살은 마땅히 이와 같이 보시하여 상相에 머물지 않아야 하느니라. 왜냐하면 보살이 상에 집착하지 않고 보시를 하면, 그 복덕이 가히 헤아릴 수 없을 만큼 크기 때문 이니라.

수보리야, 네 생각은 어떠하냐? 동쪽 허공의 크기를 가히 헤아릴 수 있겠느냐?"

"헤아릴 수 없나이다, 세존이시 여."

"수보리야, 남쪽·서쪽·북쪽의 허공과 동남·서남·동북·서북쪽과 위·아래 허공의 크기를 가히 헤아릴 수 있겠느냐?"

"헤아릴 수 없나이다, 세존이시

여."

"수보리야, 보살이 상에 집착함이 없이 베푸는 무주상보시(無住相布施)의 복덕 또한 이와 같아서, 가히 헤아릴 수 없느니라. 그러므로 수보리야, 보살은 마땅히 지금 내가 가르쳐 준 대로 마음을 유지하여야 하느니라."

여리실견분(如理實見分) 제오

"수보리야, 네 생각은 어떠하냐? 가히 신상(身相)(몸의 겉모습)으로써 여래를 볼 수 있겠느냐?"

"아니옵니다, 세존이시여. 신상으

로는 여래를 볼 수 없나이다. 왜냐하
면 여래께서 설하시는 신상은 곧 신
상이 아니기 때문입니다."

부처님께서 수보리에게 이르셨다.

무릇 있는 바 상은

다 허망된 것이니

만약 모든 상이 상 아님을 보면

곧 여래를 보게 되느니라

범 소 유 상 개 시 허 망
凡所有相 皆是虛妄

약 견 제 상 비 상 즉 견 여 래
若見諸相非相 卽見如來

정신희유분正信希有分　제육

　수보리가 부처님께 아뢰었다.

　"세존이시여, 자못 어떤 중생이 이와 같은 말씀이나 글귀를 보고 진실한 믿음을 낼 수 있겠나이까?"

　부처님께서 수보리에게 이르셨다.

　"그러한 말을 하지 말라. 여래가 열반에 든 뒤의 후오백세에도, 계를 지키고 복을 닦는 이는 이 가르침에 대해 능히 신심을 내고 이를 진실로 삼으리니, 마땅히 알아라. 이 사람은 한 부처님이나 두 부처님, 셋·넷·다섯 부처님께만 선근을 심은 것이 아니라, 이미 한량이 없는 천만 부처님께 온갖 선근을 심었으므로, 이 가르침을 듣고 한 생각에 깨끗한 믿음을 내느니라.

수보리야, 여래는 이러한 중생들이 한량없는 복덕을 얻음을 다 알고 다 보시느니라. 왜냐하면 이 중생들에게 다시는 아상·인상·중생상·수자상이 없으며, 법상^{法相}(법이라는 생각)도 없고, 비법상^{非法相}(법이 아니라는 생각)도 없기 때문이니라.

왜냐하면 이 중생들이 마음에 어떤 상을 취하게 되면 아상·인상·중생상·수자상에 집착함이 되기 때문이니, 만약 법상을 취하여도 아상·인상·중생상·수자상에 집착함이요, 비법상을 취하여도 아상·인상·중생상·수자상에 집착함이 되느니라.

그러므로 마땅히 법도 취하지 말고 비법도 취하지 말지니라.

이러한 까닭에 여래는 항상 '비구들이여, 너희는 내가 설한 법을 뗏목처럼 여겨야 한다'고 말한 것이다. 이렇게 법도 오히려 놓아버려야 하거늘, 하물며 법 아닌 것이랴."

무득무설분無得無說分 제칠

"수보리야, 네 생각은 어떠하냐? 여래가 '아뇩다라삼먁삼보리를 얻었다'고 생각하느냐? 여래가 '설한 바 법이 있다'고 생각하느냐?"

수보리가 아뢰었다.

"제가 부처님께서 설하신 바의 뜻을 알기로는, 아뇩다라삼먁삼보리라고 이름할 만한 정해진 법이 없으며, 여래께서 설하시는 정해진 법 또한 없나이다. 왜냐하면 여래께서 설하시는 법은 가히 다 취할 수도 없고 가히 다 말할 수도 없으며, 법도 아니요 비법도 아니기 때문입니다.

그 까닭은 모든 현성이 다 무위법(無爲法)

으로써 차별을 삼기 때문입니다."

의법출생분依法出生分 제팔

"수보리야, 네 생각은 어떠하냐?
어떤 사람이 일곱 가지 보배로서 삼
천대천세계(三大千世界)에 가득 찰 만큼의 보시
를 하였다면, 이 사람의 얻는 바 복
덕은 얼마나 많겠느냐?"

수보리가 아뢰었다.

"매우 많겠나이다, 세존이시여. 왜
냐하면 이 복덕은 곧 복덕성(福德性)이 아니

기 때문에, 여래께서는 복덕이 많다고 설하시옵니다."

"만약 어떤 사람이 이 경 가운데의 사구게[四句偈] 등을 받아지녀서 남을 위하여 설해 준다면, 그 복덕은 앞에서 말한 복덕보다 훨씬 더 뛰어나니라. 왜냐하면 수보리야, 모든 부처님과 모든 부처님의 아뇩다라삼먁삼보리법이 모두 이 경전에서 나온 때문이니, 수보리야, 이른바 불법[佛法]이라 하는 것은 곧 불법이 아니니라."

일상무상분一相無相分 제구

"수보리야, 네 생각은 어떠하냐? 수다원^{須陀洹}이 스스로 생각하기를, '나는 수다원과를 얻었노라'고 하겠느냐?"

수보리가 아뢰었다.

"아니옵니다, 세존이시여. 왜냐하면 수다원을 이름하여 입류^{入流}라고 하지만 들어간 바가 없으니, 색성향미촉법에 들어가지 않으므로 수다원이라 이름하옵니다."

"수보리야, 네 생각은 어떠하냐? 사다함^{斯陀含}이 스스로 생각하기를, '나는 사다함과를 얻었노라'고 하겠느냐?"

수보리가 아뢰었다.

"아니옵니다, 세존이시여. 왜냐하면 사다함을 이름하여 일왕래^{一往來}라 하지만, 실로 가고 옴이 없으므로 사다함이라 이름하옵니다."

"수보리야, 네 생각은 어떠하냐? 아나함^{阿那含}이 스스로 생각하기를, '나는 아나함과를 얻었노라'고 하겠느냐?"

수보리가 아뢰었다.

"아니옵니다, 세존이시여. 왜냐하

면 아나함을 이름하여 불래^{不來}라고 하지만, 실로 오지 않음이 없으므로 아나함이라 이름하옵니다."

"수보리야, 네 생각은 어떠하냐? 아라한^{阿羅漢}이 스스로 생각하기를, '나는 아라한도를 얻었노라'고 하겠느냐?"

수보리가 아뢰었다.

"아니옵니다, 세존이시여. 왜냐하면 실로 아라한이라 이름할 법이 없기 때문입니다. 세존이시여, 만약 아라한이 스스로 생각하기를, '나는 아라한도를 얻었노라'고 하면, 그것

24

은 곧 아상·인상·중생상·수자상
에 집착함입니다.

세존이시여, 부처님께서는 저를
'무쟁삼매를 얻은 사람들 중에 최고
요 욕심을 떠난 제일의 아라한'이라
고 하시지만, 제 스스로는 '내가 욕
심을 떠난 아라한'이라는 생각을 하
지 않나이다.

세존이시여, 제가 만약 '나는 아라
한도를 얻었다'고 생각한다면, 세존
께서 '수보리는 아란나행을 즐기는
이'라고 말씀하지 않을 것이나, 수
보리가 실로 행하는 바가 없기 때문

에 '수보리는 아란나행을 즐기는 이'
라고 말씀하시나이다."

장엄정토분莊嚴淨土分   제십

부처님께서 수보리에게 이르셨다.

"네 생각은 어떠하냐? 그 옛날에
여래가 연등불燃燈佛의 처소에서 법을 얻
은 바가 있다고 생각하느냐?"

"아니옵니다, 세존이시여. 여래께
서는 연등불의 처소에서 법을 실로
얻은 바가 없나이다."

"수보리야, 네 생각은 어떠하냐?
보살이 불국토를 장엄하느냐?"

"아니옵니다, 세존이시여. 왜냐하면 불국토를 장엄하는 것은 곧 장엄이 아니라 그 이름이 장엄이기 때문입니다."

"그런 까닭에 수보리야, 모든 보살마하살은 마땅히 이와 같이 청정한 마음을 내어야 하나니, 마땅히 색에 머물러 마음을 내지 말 것이요 소리와 냄새와 맛과 감촉과 법에 머물러 마음을 내지 말 것이며, 마땅히 머무는 바 없이 그 마음을 내어야 하느니라〔應無所住 而生其心〕.

수보리야, 비유하건대 어떤 사람

의 몸이 수미산<ruby>須彌山</ruby>만하다면, 네 생각은 어떠하냐? 그 몸이 크다고 하겠느냐?"

수보리가 아뢰었다.

"매우 크겠나이다, 세존이시여. 왜냐하면 부처님께서는 몸 아닌 것을 이름하여 큰 몸이라 설하셨기 때문입니다."

무위복승분無爲福勝分 제십일

"수보리야, 항하<ruby>恒河</ruby>에 있는 모래알 수만큼이나 많은 항하가 또 있다고 한다면, 네 생각은 어떠하냐? 이 모든 항하의 모래는 얼마나 많겠느냐?"

수보리가 아뢰었다.

"매우 많나이다, 세존이시여. 모든 항하의 수만 하여도 오히려 헤아릴 수 없이 많을 것인데, 하물며 그 모래알의 수이겠나이까?"

"수보리야, 내 이제 진실한 말로 그대에게 이르노라. 만약 선남자선여인이 칠보로써 저 항하의 모래알 수만큼이나 많은 삼천대천세계에 가득 차도록 보시를 한다면, 그가 얻을 복은 얼마나 많겠느냐?"

수보리가 아뢰었다.

"매우 많나이다, 세존이시여."

부처님께서 수보리에게 이르셨다.

"만약 선남자선여인이 이 경 가운데의 사구게 등을 받아지니고 다른 사람을 위해 설한다면, 이 복덕은 앞서 말한 보시의 복덕보다 더 수승하니라."

존중정교분尊重正教分 제십이

"또 수보리야, 이 경을 따라 사구게 등을 설한다면 마땅히 알지어다. 이곳을 일체 세간의 천인·인간·아

수라 등이 부처님의 탑과 절에 하듯
이 공양하느니라. 하물며 어떤 사람
이 이 경 모두를 수지하고 독송함에
있어서랴.

수보리야, 마땅히 알지어다. 이 사
람은 가장 높고 제일가고 희유한 법
을 성취하게 되나니, 이 경전이 있는
곳에는 곧 부처님과 존중받는 제자
들이 함께 있음이니라."

여법수지분如法受持分 제십삼

그때 수보리가 부처님께 아뢰었
다.

"세존이시여, 이 경의 이름을 무엇이라 하며, 저희들이 어떻게 받들어 지니오리까?"

부처님께서 수보리에게 이르셨다.

"이 경의 이름은 금강반야바라밀(金剛般若波羅蜜)이니, 이 이름으로 너희는 마땅히 받들어 지닐지어다.

무슨 까닭인가? 수보리야, 부처가 설하는 반야바라밀은 곧 반야바라밀이 아니라 그 이름이 반야바라밀이기 때문이니라.

수보리야, 네 생각은 어떠하냐? 여래가 설한 바 법이 있느냐?"

수보리가 아뢰었다.

"세존이시여, 여래께서는 설한 바가 없나이다."

"수보리야, 네 생각은 어떠하냐? 삼천대천세계에는 티끌이 얼마나 많겠느냐?"

수보리가 아뢰었다.

"매우 많나이다. 세존이시여."

"수보리야, 여래는 티끌들이 티끌이 아니라 그 이름이 티끌이라고 설하고, 여래는 세계를 세계가 아니라 그 이름이 세계라고 설하느니라.

수보리야, 네 생각은 어떠하냐?

가히 삼십이상^{三十二相}으로 여래를 볼 수 있겠느냐?"

"아니옵니다, 세존이시여. 삼십이상으로는 여래를 보지 못하옵니다. 왜냐하면 여래께서 설하신 삼십이상은 곧 삼십이상이 아니라, 그 이름이 삼십이상이기 때문입니다."

"수보리야, 어떤 선남자선여인이 항하의 모래알 수만큼이나 많은 몸과 목숨을 바쳐서 보시를 하는 복보다, 어떤 사람이 이 경 가운데의 사구게 등을 수지하여 남을 위해 설하여 주는 복이 훨씬 더 뛰어나니라."

이상적멸분離相寂滅分　제십사

그때 수보리가 이 경을 설하시는 것을 듣고 깊이 그 뜻을 깨달아 눈물을 흘리며 부처님께 아뢰었다.

"희유하옵니다, 세존이시여. 부처님께서 이와 같이 심히 깊은 경전을 설하심은, 제가 혜안(慧眼)을 얻은 이후 한 번도 듣지 못하였나이다.

세존이시여, 만약 어떤 사람이 이 경을 듣고 신심이 청정해지면 곧 실상(實相)을 깨달으리니, 마땅히 이 사람이 제일 희유한 공덕을 성취하는 줄로 알겠나이다.

세존이시여, 이 실상은 곧 상이 아니오니, 그러한 까닭으로 여래께서는 실상이라고 설하셨나이다.

세존이시여, 저는 이제 이 경전을 얻어 듣고 믿고 받아지니는 것이 그다지 어렵지 않사오나, 앞으로 다가올 후오백세 뒤의 중생들이 이 경전을 듣고서 믿고 이해하고 수지한다면, 이 사람이야말로 가장 희유한 사람이 될 것이옵니다. 왜냐하면 이 사람은 아상도 없고 인상·중생상·수자상도 없기 때문입니다.

그 까닭은 아상이 곧 상이 아니요,

인상·중생상·수자상도 곧 상이 아니기 때문입니다. 왜냐하면 일체의 모든 상을 떠난 것을 이름하여 제불^{諸佛}이라 하기 때문입니다."

부처님께서 수보리에게 이르셨다. "그러하고 그러하다. 만약 어떤 사람이 이 경을 듣고 놀라지 않고 겁내지 않고 두려워하지 않는다면, 마땅히 알라. 그는 매우 희유한 사람이니라. 왜냐하면 수보리야, 여래가 설하는 제일바라밀은 곧 제일바라밀이 아니라, 그 이름이 제일바라밀이기 때문이니라.

수보리야, 인욕바라밀도 여래는
인욕바라밀이 아니라고 설하나니,
그 이름이 인욕바라밀이니라.

왜냐하면 수보리야, 옛날 가리왕
이 나의 몸을 베고 끊었을 때 나는
아상도 없었고 인상이 없었으며, 중
생상도 없었고 수자상도 없었느니
라. 내가 마디마디 사지를 끊길 그
때, 아상이나 인상·중생상·수자상
이 있었더라면, 마땅히 원망하는 마
음을 내었을 것이니라.

수보리야, 또 생각하니, 과거 오
백세 동안 인욕선인이 되었던 그때

에도 아상·인상·중생상·수자상이
없었느니라.

　그러므로 수보리야, 보살은 마땅
히 일체의 상을 떠나서 아뇩다라삼
먁삼보리심을 발하여야 하나니, 마
땅히 색에 머물러 마음을 내지 말고,
마땅히 소리와 냄새와 맛과 감촉과
법에 머물러 마음을 내지 말지니, 마
땅히 머무르는 바 없이 마음을 내어
야 하느니라.

　만약 마음에 머무르는 바가 있으
면 곧바로 그 머무름을 지울지니,
그러므로 부처님은 '보살은 마땅히

색에 머무르지 않는 보시를 해야 한다'고 설하느니라.

수보리야, 보살은 일체 중생을 이익되게 하기 위해 마땅히 이와 같이 보시를 해야 하나니, 그래서 여래는 일체의 상들이 곧 상이 아니라 설하고, 일체의 중생이 곧 중생이 아니라고 설하느니라.

수보리야, 여래는 참다운 말을 하는 이요〔眞語者〕 실다운 말을 하는 이요〔實語者〕 한결같은 말을 하는 이요〔如語者〕 속임수 없는 말을 하는 이요〔不誑語者〕 사실과 다르지 않은 말을 하는 이이니라〔不異語者〕.

수보리야, 여래가 얻은 이 법은 實도 없고 虛도 없느니라.

수보리야, 만약에 보살이 그 무엇에 집착하는 마음으로 보시를 하게 되면, 그는 마치 어둠 속으로 들어가서 아무것도 보지 못하는 사람처럼 되느니라.

그러나 보살이 그 무엇에 집착하지 않는 마음으로 보시를 하게 되면, 그는 마치 눈밝은 사람이 밝은 햇빛 아래에서 가지가지의 색을 분명히 보는 것과 같으니라.

수보리야, 장차 오는 세상의 선남자선여인이 능히 이 경을 받아지니고 읽고 외우면, 여래는 곧 부처의 지혜로써 이 사람을 다 알고 다 보아서, 그로 하여금 한량없고 가없는 공덕을 성취하게 하느니라."

지경공덕분持經功德分　제십오

　"수보리야, 만약 어떤 선남자선여인이 아침에 항하의 모래 수와 같은 몸으로 보시를 하고, 낮에 다시 항하의 모래 수와 같은 몸으로 보시를 하고, 저녁에 또한 항하의 모래 수와

같은 몸으로 보시를 하되 한량없는
백천만억겁 동안 몸으로 보시를 할
지라도, 어떤 사람이 이 경전을 듣고
마음으로 믿어서 거역하지 않으면,
그 복덕이 저 몸을 보시한 복덕보다
수승하니라. 하물며 사경을 하거나,
수지하고 독송하거나, 남을 위해 해
설을 해주는 공덕이랴.

　수보리야, 요점만 말하건대, 이 경
은 불가사의하고 가히 측량할 수 없
고 끝이 없는 공덕을 지니고 있나니,
여래는 대승의 마음을 발한 이를 위
해 이 경을 설하고, 최상승의 마음을

발한 이를 위해 이 경을 설하느니라.

만약 어떤 사람이 능히 이 경을 수지하고 독송하고 널리 남을 위해 설하여 주면 여래는 이 사람을 다 알고 다 보나니, 이 사람은 가히 헤아릴 수 없고 측량할 수 없고 끝이 없는 불가사의 공덕을 모두 얻어서 성취하게 되며, 이 사람은 곧바로 여래의 아뇩다라삼먁삼보리를 짊어지고 나아가느니라.

왜냐하면 수보리야, 작은 법을 좋아하는 사람은 아견(我見)과 인견(人見)과 중생견(衆生見)과 수자견(壽者見)에 집착하기 때문에, 이 경을 듣고 받아들이거나, 독송을 하거나, 남을 위해 해설을 해주지 못하느니라.

수보리야, 어느 곳이든지 이 경이 있으면 마땅히 일체 세간의 천인과 인간과 아수라가 공양을 하느니라.

마땅히 알아라. 이 경이 있는 곳은 곧 탑이 되나니, 모두가 공경하여 예배를 드리고 주위를 돌면서 갖가지 꽃과 향을 뿌리느니라."

능정업장분能淨業障分 제십육

"또 수보리야, 선남자선여인이 이

경을 수지하고 독송하면서도 남에게 업신여김을 당한다면, 이 사람은 전생의 죄업으로 마땅히 악도에 떨어질 것이로되, 금생에 업신여김을 받는 까닭으로 전생의 죄업이 곧 소멸되어 마땅히 아뇩다라삼먁삼보리를 얻게 되느니라.

수보리야, 내가 과거의 헤아릴 수 없는 아승지겁을 생각해보니, 연등불을 뵙기 전에 팔백사천만억 나유타 수의 부처님들을 만나 그 부처님 모두를 공양하고 받들고 섬기면서 헛되이 지냄이 없었느니라.

그런데 어떤 사람이 앞으로 오는 말세에 능히 이 경을 받아지니고 독송을 하면, 내가 모든 부처님께 공양한 공덕으로는 그 공덕의 백분의 일에도 미치지 못하며, 천만억분의 일 내지 숫자의 비유로는 도저히 미치지 못하느니라.

수보리야, 만약 선남자선여인이 앞으로 오는 말세에 이 경을 받아지니고 독송함으로써 얻게 되는 공덕을 다 갖추어 말한다면, 혹 어떤 사람은 듣고 마음이 산란하여져서 여우처럼 의심하고 믿지 않을 것이니라.

수보리야, 마땅히 알아라. 이 경은 뜻도 불가사의하며 그 과보 또한 불가사의하니라."

구경무아분究竟無我分 제십칠

그때 수보리가 부처님께 아뢰었다.

"세존이시여, 선남자선여인들이 아뇩다라삼먁삼보리심을 발한 다음, 마땅히 어떻게 그 마음을 유지하여야 하며 어떻게 그 마음을 항복받아야 하나이까?"

부처님께서 수보리에게 이르셨다.

"만약 선남자선여인이 아뇩다라
삼먁삼보리심을 발하였으면 마땅히
이와 같이 마음을 내어야 하느니라.
곧 '나는 마땅히 일체 중생을 제도
하되, 일체 중생을 제도하고 나서는
실로 한 중생도 제도함이 없다' 하리
니, 왜냐하면 보살에게 아상·인상·
중생상·수자상이 있으면 곧 보살이
아니기 때문이니라.

무슨 까닭인가? 수보리야, 실로 법
에는 아뇩다라삼먁삼보리심을 발하
였다고 하는 것이 없기 때문이니라.

수보리야, 네 생각은 어떠하냐? 여래가 연등불의 처소에서 아뇩다라삼먁삼보리라고 하는 법을 얻었느냐?"

"아니옵니다, 세존이시여. 제가 부처님께서 말씀하시는 뜻을 이해하건대, 부처님께서는 연등불의 처소에서 아뇩다라삼먁삼보리라고 하는 법을 얻은 바가 없나이다."

부처님께서 이르셨다.

"그러하고 그러하다, 수보리야. 실로 여래는 아뇩다라삼먁삼보리라고 하는 법을 얻은 바가 없느니라.

수보리야, 만약 내가 아뇩다라삼먁삼보리라고 하는 법을 얻은 바가 있다면 연등불께서는 나에게, '너는 내세에 마땅히 부처를 이루어 호를 석가모니라 하리라'는 수기를 주시지 않았을 것이나, 실로 아뇩다라삼먁삼보리의 법을 얻은 바가 없기 때문에 연등불께서는 나에게, '너는 내세에 마땅히 부처를 이루어 호를 석가모니라 하리라'는 수기를 주신 것이니라. 왜냐하면 여래는 곧 '모든 법 그대로'라는 뜻이기 때문이니라.

　만약 어떤 사람이 '여래가 아뇩다

라삼먁삼보리를 얻었다'고 하면, 수보리야, 실로 부처님은 아뇩다라삼먁삼보리라고 하는 법을 얻은 바가 없느니라.

수보리야, 여래가 얻은 바 아뇩다라삼먁삼보리 가운데에는 실實도 없고 허虛도 없나니, 이러한 까닭으로 여래는 '일체법이 다 불법이다〔一切法일체법 皆是佛法개시불법〕'고 설하느니라.

수보리야, 말한 바 일체법은 곧 일체법이 아니니라. 그러므로 그 이름을 일체법이라고 하나니, 수보리야, 비유하자면 어떤 사람의 몸을 장대하다고 하는 것과 같으니라."

수보리가 아뢰었다.

"세존이시여, 여래께서 말씀하시는 장대한 몸은 곧 장대한 몸이 아니라 그 이름이 장대한 몸이옵니다."

"수보리야, 보살 또한 이와 같아서, 만약 '내가 한량없는 중생을 제도하리라' 하면, 곧 보살이라고 이름할 수 없느니라. 왜냐하면 수보리야, 실로 보살이라고 이름할 수 있는 법이 없기 때문이니, 그러므로 부처님은 일체법이 無我相 무아상이요 無人相 무인상이요 無衆生相 무중생상이요 無壽者相 무수자상이라고 설하느니라.

수보리야, 만약 보살이 '내가 마땅히 불국토를 장엄한다'고 하면 그를 보살이라고 이름하지 않나니, 왜냐하면 여래가 설하는 '불국토의 장엄'은 곧 장엄이 아니라 그 이름이 장엄이기 때문이니라.

수보리야, 만약 보살이 무아법(無我法)을 통달하게 되면 여래는 그를 '참다운 보살'이라고 이름하느니라."

일체동관분一體同觀分 제십팔

"수보리야, 네 생각은 어떠하냐?

여래에게 육안(肉眼)이 있느냐?"

"그러하옵니다, 세존이시여. 여래는 육안이 있사옵니다."

"수보리야, 네 생각은 어떠하냐? 여래에게 천안(天眼)이 있느냐?"

"그러하옵니다, 세존이시여. 여래는 천안이 있사옵니다."

"수보리야, 네 생각은 어떠하냐? 여래에게 혜안(慧眼)이 있느냐?"

"그러하옵니다, 세존이시여. 여래는 혜안이 있사옵니다."

"수보리야, 네 생각은 어떠하냐? 여래에게 법안(法眼)이 있느냐?"

"그러하옵니다, 세존이시여. 여래
는 법안이 있사옵니다."

"수보리야, 네 생각은 어떠하냐?
여래에게 불안(佛眼)이 있느냐?"

"그러하옵니다, 세존이시여. 여래
는 불안이 있사옵니다."

"수보리야, 네 생각은 어떠하냐?
저 항하 가운데 있는 모래를 여래가
모래라고 설한 적이 있느냐?"

"그러하옵니다, 세존이시여. 여래는
모래라고 설하신 적이 있사옵니다."

"수보리야, 네 생각은 어떠하냐?
저 항하의 모래알 수만큼 많은 항하

가 있고, 또 그 많은 항하에 있는 모래알 수만큼이나 많은 부처님의 세계가 있다고 하면 그 세계가 얼마나 많겠느냐?"

"매우 많겠나이다, 세존이시여."

부처님께서 수보리에게 이르셨다.

"그토록 많은 국토에서 살고 있는 중생들의 갖가지 마음을 여래는 다 알고 있느니라. 왜냐하면 여래가 설한 마음들은 다 마음이 아니라 그 이름이 마음이기 때문이니라.

무슨 까닭인가? 수보리야, 과거심도 얻을 수 없고〔過去心不可得〕

현재심도 얻을 수 없으며〔現在心不可得〕

미래심도 얻을 수 없기 때문이니라
〔未來心不可得〕."

법계통화분法界通化分 제십구

"수보리야, 네 생각은 어떠하냐?
어떤 사람이 칠보로써 삼천대천세
계에 가득 찰 만큼의 보시를 하였다
면, 이 사람은 이 인연으로 얻을 복
이 많겠느냐?"

"그러하옵니다, 세존이시여. 이 사
람은 이 인연으로 얻을 복이 매우 많
겠나이다."

"수보리야, 만약 복덕이 실로 있는 것이라면 얻을 복덕이 많다고 여래는 설하지 않았을 것이나, 복덕이 본래 없는 까닭에 얻을 복덕이 많다고 여래는 설하느니라."

이색이상분離色離相分 제이십

"수보리야, 네 생각은 어떠하냐? 여래를 가히 구족색신具足色身(잘 갖추어진 몸의 모습)을 통하여 볼 수 있느냐?"

"아니옵니다, 세존이시여. 구족색신으로는 마땅히 여래를 볼 수 없사옵니다. 왜냐하면 여래께서 설하신 구족색신은 곧 구족색신이 아니라 그 이름이 구족색신이기 때문입니다."

"수보리야, 네 생각은 어떠하냐? 여래를 가히 제상구족(^{諸 相 具 足})(여러 가지 거룩한 상호를 갖춘 겉모습)을 통하여 볼 수 있느냐?"

"아니옵니다, 세존이시여. 제상의 구족을 통해서는 마땅히 여래를 볼 수 없사옵니다. 왜냐하면 여래께서 설하신 제상구족은 제상구족이 아니라 그 이름이 제상구족이기 때문입니다."

비설소설분非說所說分 제이십일

"수보리야, 너희는 여래가 '나는 마땅히 설한 바 법이 있다'는 생각을 하시리라고 생각하지 말라. 왜냐하면 만약 어떤 사람이 '여래께서 설한 바 법이 있다'고 한다면 곧 부처님을 비방하는 것이니, 내가 설한 바를 잘 이해하지 못한 때문이니라.

수보리야, 법을 설한다고 하나 가히 설할 만한 법이 없나니, 그 이름이 설법이니라."

그때 혜명 수보리가 부처님께 아뢰었다.

"세존이시여, 미래 세상에서 자못 어떤 중생이 이 법을 설하시는 것을 듣고 신심을 내겠나이까?"

부처님께서 이르셨다.

"수보리야, 저들은 중생도 아니요 중생이 아님도 아니니라. 왜냐하면 수보리야, 여래는 '중생·중생'에 대해, 중생이 아니라 그 이름이 중생이라고 설하느니라."

무법가득분無法可得分 제이십이

수보리가 부처님께 아뢰었다.

"세존이시여, 부처님께서 아뇩다

라삼먁삼보리를 얻으신 것도 얻은
바가 없음이 되옵니까?"

부처님께서 이르셨다.

"그러하고 그러하다, 수보리야.
나는 아뇩다라삼먁삼보리에 있어
어떠한 조그마한 법도 가히 얻은 것
이 없으므로, 이를 아뇩다라삼먁삼
보리라 이름하느니라."

정심행선분淨心行善分　제이십삼

"또 수보리야, 이 법은 평등하여
높고 낮음이 없으므로 이를 아뇩다
라삼먁삼보리라 이름하나니, 아상

도 없고 인상도 없고 중생상도 없고 수자상도 없이 일체의 선법(善法)을 닦으면 곧 아뇩다라삼먁삼보리를 얻게 되느니라.

수보리야, 여래는 이른바 선법을 곧 선법이 아니라 그 이름이 선법이라고 설하느니라."

복지무비분福智無比分 제이십사

"수보리야, 만약 어떤 사람은 삼천대천세계에 있는 모든 수미산만한 칠보 덩어리를 가져다가 보시를 하고, 어떤 사람은 금강반야바라밀

경이나 사구게 등을 수지하고 독송
하고 남을 위해 해설해 주면, 앞 사
람의 복덕은 뒷사람의 백분의 일에
도 미치지 못하고, 백천만억분의 일
내지 숫자의 비유로는 도저히 미치
지 못하느니라."

화무소화분化無所化分 제이십오

"수보리야, 네 생각은 어떠하냐?

너희는 여래가 '나는 마땅히 중생
을 제도한다'는 생각을 하시리라고
말하지 말라.

수보리야, 이런 생각을 하지 말라

고 한 까닭이 무엇인가? 실로 여래
가 제도할 중생이 없기 때문이니, 만
약 여래가 제도할 중생이 있다고 한
다면 여래에게 곧 아상·인상·중생
상·수자상이 있음이니라.

　수보리야, 여래가 설한 '내가 있음
〔有我〕'은 곧 '내가 있음'이 아니거늘
범부들은 '내가 있다'고 하나니, 수
보리야, 여래는 범부에 대해 곧 범부
가 아니라 그 이름이 범부라고 설하
느니라."

법신비상분法身非相分　제이십육

"수보리야, 네 생각은 어떠하냐? 가히 삼십이상으로써 여래를 볼 수 있느냐?"

수보리가 아뢰었다.

"예, 그러하옵니다. 삼십이상으로써 여래를 볼 수 있사옵니다."

부처님께서 이르셨다.

"수보리야, 만약 삼십이상으로써 여래를 볼 수 있다면 전륜성왕(轉輪聖王)도 곧 여래라고 할 수 있으리라."

수보리가 부처님께 아뢰었다.

"세존이시여, 제가 부처님께서 설

하신 뜻을 이해하기로는 마땅히 삼십이상으로는 여래를 볼 수 없사옵니다."

그때 세존께서 게송으로 이르셨다.

색신으로써 나를 보려 하거나

음성으로써 나를 구하려 하면

이 사람은 삿된 도를 행함이라

능히 여래를 보지 못하느니라

약 이 색 견 아   이 음 성 구 아
若以色見我　以音聲求我

시 인 행 사 도   불 능 견 여 래
是人行邪道　不能見如來

무단무멸분無斷無滅分   제이십칠

"수보리야, 네가 만약 '여래가 구
족상具足相을 쓰지 않은 까닭에 아뇩다라
삼먁삼보리를 얻었다'는 생각을 하
고 있다면, 수보리야, '여래가 구족
상을 쓰지 않은 까닭에 아뇩다라삼
먁삼보리를 얻었다'는 생각을 하지
말라.

수보리야, 네가 만약 '아뇩다라삼
먁삼보리심을 발한 사람은 모든 법
을 단멸(끊어서 없앰)을 말한다'는 생
각을 하고 있다면, 그와 같은 생각
을 하여서는 아니된다. 왜냐하면 아

녹다라삼먁삼보리심을 발한 이는 법의 단멸상(斷減相)을 말하지 않기 때문이니라."

불수불탐분不受不貪分 제이십팔

"수보리야, 만약 어떤 보살은 항하의 모래알과 같은 수많은 세계에 가득 찰 만큼의 칠보를 보시하고, 어떤 사람은 일체법이 무아임을 알아서 깨달음을 얻었다면, 이 보살이 얻는 공덕이 앞의 보살이 얻는 공덕보다 수승하니라. 왜냐하면 수보리야, 보살들은 복덕을 받지 않기 때문이니라."

수보리가 부처님께 아뢰었다.

"세존이시여, 어찌하여 보살은 복덕을 받지 않는다고 하시나이까?"

"수보리야, 보살은 지은 복덕에 대해 탐착을 하지 않기 때문에 복덕을 받지 않는다고 설하느니라."

위의적정분威儀寂靜分　제이십구

"수보리야, 만약 어떤 사람이 '여래는 오기도 하고 가기도 하고 앉기도 하고 눕기도 한다'고 말한다면, 이 사람은 내가 설한 바 뜻을 알지 못함이니라. 왜냐하면 여래는 어디에서 오는 바도 없고, 어디로 가는 바도 없으므로 여래라고 이름하기 때문이니라."

일합이상분一合理相分 제삼십

"수보리야, 만약 선남자선여인이 삼천대천세계를 부수어서 작은 티끌로 만들었다면, 네 생각은 어떠하냐? 이 작은 티끌들이 많다고 하겠느냐?"

수보리가 아뢰었다.

"매우 많겠나이다, 세존이시여. 왜

냐하면 만약 이 작은 티끌들이 실로
있는 것이라면 부처님께서는 곧 '작
은 티끌들'이라고 설하시지 않았을
것이기 때문입니다.

그 까닭은 부처님께서 설하시는
작은 티끌들은 곧 작은 티끌들이 아
니라, 그 이름이 작은 티끌들이기 때
문입니다.

세존이시여, 여래께서 설하신 삼
천대천세계도 곧 세계가 아니라 그
이름이 세계일 뿐이옵니다. 왜냐하
면 만약 세계가 실로 있는 것이라면
곧 그것을 일합상(한 덩어리)이라고

할 것이오나, 여래께서 설하신 일합
상은 곧 일합상이 아니라 그 이름이
일합상이기 때문입니다."

"수보리야, 일합상은 가히 말로써
표현할 수 없는 것이건만, 범부들은
그 일에 탐착을 하느니라."

지견불생분知見不生分 제삼십일

"수보리야, 만약 어떤 사람이 '부
처님께서 아견·인견·중생견·수자
견을 설하셨다'고 한다면, 수보리
야, 네 생각은 어떠하냐? 이 사람이
내가 설한 뜻을 안다고 하겠느냐?"

"아니옵니다. 세존이시여, 이 사람은 여래께서 설하신 뜻을 이해하지 못하는 것이옵니다. 왜냐하면 세존께서 설하신 아견·인견·중생견·수자견은 곧 아견·인견·중생견·수자견이 아니라 그 이름이 아견·인견·중생견·수자견이기 때문입니다."

"수보리야, 아뇩다라삼먁삼보리의 마음을 일으킨 사람은 일체법을 마땅히 이와 같이 알고 이와 같이 보고 이와 같이 믿고 이해하여 법상을 내지 말아야 하느니라.

수보리야, 여래는 이른바 법상에 대해 곧 법상이 아니라 그 이름이 법상이라고 설하느니라."

응화비진분應化非眞分　제삼십이

"수보리야, 만약 어떤 사람이 한량없는 아승지 세계에 가득 찰 만큼의 칠보로써 보시를 하고, 어떤 선남자 선여인이 보살심을 발하여 이 경이나 이 경의 사구게 등을 수지하고 독송하고 다른 이를 위해 설하여 주면, 그 복은 앞의 복보다 더욱 수승하니라. 어떻게 다른 이를 위해 연설하여

줄 것인가?

　상을 취하지 않고 여여부동할지니
라.

　무슨 까닭인가?

　일체의 유위법은

　꿈·환상·물거품·그림자와 같고

　이슬과 같고 번개와 같나니

　마땅히 이와 같이 관할지니라."

　　일체유위법　　여몽환포영
　　一切有爲法　如夢幻泡影
　　여로역여전　　응작여시관
　　如露亦如電　應作如是觀

부처님께서 이 경을 설하여 마치

시니, 장로 수보리와, 비구·비구니·우바새·우바이들과, 일체 세간의 천인·인간·아수라 등이 부처님께서 설하신 말씀을 듣고 모두 크게 환희하여, 믿고 간직하고 받들어 행하였다.

부 록

금강경을 독송하는 방법

1. 경문을 읽기 전에

① 먼저 3배를 올리면서, '부처님. 감사합니다'를 세 번 염한 다음 금강경을 펼쳐 들고 축원부터 세 번 하여야 합니다.

"시방세계에 가득하신 불보살님이시여, 세세생생 지은 죄업을 모두 참회드리옵니다.

이제 이 경을 읽는 공덕을 선망조상과 유주무주 영가의 천도, 그리고 일체중생의 행복을 위해 바칩니다.

아울러 저희 가족들 모두가 건강하옵고, 하는 일들이 다 순탄하여지이다." (3번)

이렇게 기본적인 축원을 하고, 꼭 성취되기를 바라는 일이 있으면 추가로 축원을 합니다. 이 경우에는 각자의 원願에 맞게 적당한 문구를 만들어, 이 책 5페이지에 있는 개인발원문에 써 놓고 축원을 하는 것이 좋습니다.

② 축원을 한 다음 「개법장진언」 '옴 아라남 아라다'(3번)를 염송합니다. 흔히 정구업진언·오방내외안위제신진언·개경게로 구성된 「전경轉經」을 외우기도 하는데, 「개경게」와 「개법장진언」만으로 족합니다.

③ 개법장진언 다음에는 '나무금강반야바라밀경'을 세 번 염송합니다.

나무금강반야바라밀경
나무금강반야바라밀경

나무금강반야바라밀경

경의 제목을 외우는 공덕이 매우 크기 때문에 불교 집안에서는 어떠한 경전이든 본문을 읽기 전에 경의 제목을 세 번 읽도록 가르쳐 왔습니다.

그러므로 절에서나 집에서나 금강경을 독송할 때는, 꼭 '나무금강반야바라밀경'을 세 번씩 염송하여야 합니다. 경의 제목은 그 경전 내용의 핵심을 담고 있으므로 공덕이 더욱 크다는 것을 마음에 새겨, 꼭 세 번씩 염송하시기를 당부드립니다.

2. 경문을 읽을 때

① 금강경 본문을 읽을 때는 원래 부처님께서 설하신 경문만을 읽고, 분류의 편의를 위해 표기한 32분分의 소제목〔예 : 법회인유분 제일, 선

현기청분 제이 등]은 읽지 않습니다.

　②금강경을 읽을 때 한문 해독 능력이 뛰어난 이라면 한자음으로 읽는 것이 좋지만, 한문 해독 능력이 충분하지 못한 이는 원문의 뜻을 한글로 풀어놓은 번역본을 읽는 것이 좋습니다.

　그 까닭은 읽는 내가 내용을 이해하지 못하고 글자만 읽게 되면, 감동이 없을 뿐 아니라 공덕 또한 크게 떨어지기 때문입니다. 특히 영가를 위해 독경을 하는 경우라면 더욱 그러합니다. 영가는 우리의 말소리를 듣는 것이 아니라 생각을 읽는 존재이기 때문에, 읽는 사람이 그 내용을 이해하지 못하면 영가도 알아듣지 못하게 됩니다.

　따라서 금강경을 읽을 때는 반드시 '나' 스스로에게, 또 영가에게 들려준다는 자세로 정성껏 읽어야 합니다. 절대로 '그냥 한 편을 읽기만 하

면 된다'고 하면서, 뜻을 모른 채 읽어서는 안
됩니다. 스스로 뜻을 새기고 이해를 하며 읽는
것이 무엇보다 중요하다는 것을 꼭 명심하기
바랍니다.

③ 금강경을 읽다가 특별히 마음에 와닿는
구절이 있거나, 이해가 잘 되지 않는 부분이 있
으면 다시 한번 읽으며 사색에 잠기는 것이 좋
습니다. 독경을 한다고 하여 처음부터 끝까지
좔좔좔 시냇물 흘러가듯이 읽어 내려가는 것이
꼭 좋지만은 않습니다. 왜냐하면 독경보다는
간경看經이 훨씬 더 수승한 공덕을 나타내기 때
문입니다.

간경은 경전을 마음으로 보고 마음으로 느
끼며 읽는 것으로, 경전의 내용을 '나'의 것으로
만드는 훌륭한 방법입니다. 그러므로 간경을
하면 금강경의 내용이 차츰 '나'의 것이 되고,

금강경의 가르침이 '나'의 것이 되면, 천도와 업장참회는 물론이요 무량공덕이 저절로 생겨나게 됩니다. 결코 금강경을 형식적으로 읽지 않기를 당부드립니다.

④ 금강경을 다 읽었으면 회향축원을 세 번 하여야 합니다.

"이 경을 읽은 공덕을 법계 일체중생의 발보리심과 해탈과 행복에 회향하옵니다. 아울러 저희 또한 업장을 소멸하여 위없는 깨달음을 이루어지이다." (3번)

꼭 금강경을 읽은 공덕을 회향하여 마음밭에 새로운 씨를 심으시기 바랍니다.

3. 독송의 기간 및 횟수

① 가피와 소원성취, 영가천도를 이룰 목적으로 금강경을 읽을 때는 백일 동안 독송하면 좋습니다. 곧 백일기도를 하라는 것입니다. 독송 횟수는 최소한 하루 1독, 다급한 소원이 있을 때는 하루 10독을 많이 권합니다.

'성취를 보려면 1천 독은 하여야 한다'고 옛 어른들은 자주 말씀하셨습니다. 1천 독을 하게 되면 부처님의 자비가 저절로 함께하게 되고, 그 가피 속에서 하루하루가 행복하고 좋은 날로 바뀌게 되기 때문입니다.

이에 이 책의 뒤에 1독 할 때마다 1칸씩을 채워 1천 독 한 것을 표기할 수 있도록 1천 칸을 마련해 두었습니다.

그러나 사람에 따라 형편과 능력이 다를 것이므로 스스로 독송 기간과 횟수를 잘 선택하여 기도하면 됩니다. 단, 한번 정하였으면 아주

특별한 일이 일어나지 않는 이상 변경하지 않는 것이 좋습니다.

②금강경 공부를 위하여, 또는 명훈가피를 위하여 독경하는 경우에는, 기간을 정하지 말고 하루 1독~3독씩 꾸준히 하는 것도 바람직합니다.

③독경을 하는 시간은 하루 중 가장 정신이 맑을 때나 다른 사람으로 인해 방해를 받지 않는 시간이 좋습니다. 장소는 집이나 사무실, 사찰 등 어디에서든 한자리에서 읽는 것이 좋으며, 때로는 출퇴근 버스나 지하철에서 읽어도 무방합니다. 중요한 것은 '내가 정한 약속을 지킨다'는 것임을 명심하기 바랍니다.

내가 확인하는 독경 횟수

※한 번 독경할 때마다 한 칸씩 확인하세요

1									10	
						20				
									50	
							100			
						150				
			200							

	250												
300													
											350		
								400					
							450						

◆ 기도용으로 좋은 큰활자 한글 경전 ◆

법화경(양장본) / 김현준 역	전1책	4×6배판	520쪽	25,000원
법화경(무선제본) / 김현준 역	전3책	4×6배판	550쪽	22,000원
지장경 / 김현준 편역		4×6배판	208쪽	8,000원
금강경 / 우룡큰스님 역		4×6배판	112쪽	5,000원
아미타경 / 김현준 편역		4×6배판	92쪽	4,000원
미륵삼부경 / 김현준 역		4×6배판	160쪽	7,000원
유마경 / 김현준 역		4×6배판	296쪽	12,000원
무량수경 / 김현준 역		4×6배판	176쪽	7,000원
관무량수경 / 김현준 역		4×6배판	112쪽	5,000원
승만경 / 김현준 역		4×6배판	144쪽	6,000원
약사경 / 김현준 역		4×6배판	100쪽	4,000원
원각경 / 김현준 역		4×6배판	192쪽	8,000원
관음경 / 우룡큰스님 역		4×6배판	96쪽	4,000원
밀린다왕문경 / 김현준 편역		신국판	208쪽	7,000원
보현행원품 / 김현준 역		4×6배판	112쪽	5,000원
자비도량참법(양장본) / 김현준 역		4×6배판	528쪽	25,000원
천지팔양신주경 / 김현준 역		4×6배판	100쪽	4,000원
선가귀감 / 서산대사 저·김현준 역		4×6배판	136쪽	6,000원
육조단경(덕이본德異本) 증보개정판 / 김현준 역		4×6배판	208쪽	8,000원
부모은중경 / 김현준 역		4×6배판	100쪽	5,000원

● 신행과 포교를 위한 포켓용 불서 ●

행복과 성공을 위한 도담 / 경봉스님	4×6판	100쪽	3,500원
일상기도와 특별기도 / 일타스님	4×6판	100쪽	3,500원
불교예절입문 / 일타스님	4×6판	100쪽	3,500원
행복을 여는 감로법문 / 일타스님	4×6판	100쪽	3,500원
불자의 삶과 공부 / 우룡스님	4×6판	100쪽	3,500원
불성 발현의 길 / 우룡스님	4×6판	100쪽	3,500원
광명진언 기도법 / 일타스님·김현준	4×6판	100쪽	3,500원
보왕삼매론 풀이 / 김현준	4×6판	100쪽	3,500원
바느질하는 부처님 / 김현준 엮음	4×6판	100쪽	3,500원

● 포켓용 아름다운 우리말 경전 ●

금강경 / 우룡스님 역   국반판 100쪽 2,500원
명쾌한 금강경 풀이와 함께 금강경의 근본 가르침을 함께 수록한 책

아미타경 / 김현준 역   국반판 100쪽 2,500원
한글 번역과 함께 독송하는 방법과 아미타불 염불법에 대해 설한 책

약사경 / 김현준 편역   국반판 100쪽 2,500원
한글 번역과 함께 약사기도법과 약사염불법에 대해 자세히 설한 책

관음경 / 우룡스님 역   국반판 100쪽 2,500원
관음경의 번역과 함께 관음기도와 관음염불법에 대해 자세히 설한 책

지장경 / 김현준 편역   국반판 196쪽 4,000원
편안하고 쉬운 번역과 함께 지장기도법을 간략히 설한 책

부모은중경 / 김현준 역   국반판 100쪽 2,500원
부모님의 은혜를 느끼며 기도를 할 수 있게 엮은 책

보현행원품 / 김현준 편역   국반판 100쪽 2,500원
보현보살의 십대원을 중심으로 설하여 참된 보살의 길로 이끌어주는 책

초발심자경문 / 일타스님 역   국반판 100쪽 2,500원
신심을 굳건히 하고 수행에 대한 마음을 불러일으키게끔 하는 책

법요집 / 불교신행연구원 편   국반판 100쪽 2,500원
법회와 수행 시에 필요한 각종 의식문, 좋은 몇 편의 글들을 수록한 책

유교경(부처님 마지막 법문) / 일타스님·김현준 편역   국반판 100쪽 2,500원

알기 쉬운 불교근본교리(국판)

삼보와 삼학 / 원산스님	200쪽	7,000원
불교란무엇인가 / 우룡스님	160쪽	6,000원
육바라밀 / 김현준	192쪽	7,000원
사성제와 팔정도 / 김현준	240쪽	9,000원
자비 실천의 길 사섭법 / 김현준	192쪽	7,000원
삼법인·중도 / 김현준	160쪽	6,000원
인연법 / 김현준	224쪽	8,000원

아름다운 우리말 경전 ①

금강경

옮긴이 우룡스님·김현준
펴낸이 김연지
펴낸곳 효림출판사

초 판 1쇄 펴낸날 2002년 8월 23일(27쇄 발행)
개정판 1쇄 펴낸날 2025년 12월 25일

등록일 1992년 1월 13일 (제 2-1305호)
주 소 서울시 서초구 반포대로14길 30, 907호 (서초동, 센츄리Ⅰ)
전 화 02-582-6612, 587-6612
팩 스 02-586-9078
이메일 hyorim@nate.com

값 2,500원